CATALOGUE

D'UN BEAU CHOIX

DE

DESSINS ET D'ESTAMPES

Par les Maîtres

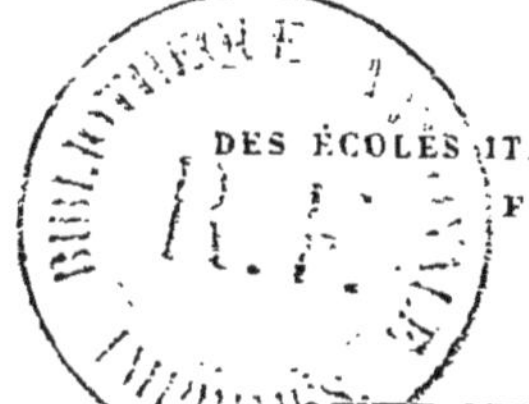

DES ÉCOLES ITALIENNE, HOLLANDAISE, FLAMANDE,
FRANÇAISE ET ANGLAISE

ET DE

QUELQUES LIVRES A FIGURES

Dont la vente aux enchères publiques aura lieu le Vendredi 7 Janvier 1859, en l'Hôtel des Ventes
Rue Drouot, 5, salle n° 4

PAR LE MINISTÈRE DE **Me CHARLES PILLET,** COMMISSAIRE-PRISEUR,
Su^{cesr} de **M. BONNEFONS DE LAVIALLE,** rue de Choiseul, 11.

Exposition publique le Jeudi 6 Janvier 1859, de midi à 5 heures

PARIS

B. BLAISOT, GRAVEUR-ÉDITEUR

et marchand d'Estampes

RUE DE RIVOLI, N° 178

1858

CATALOGUE

D'UN BEAU CHOIX

DE

DESSINS ET D'ESTAMPES

Par les Maîtres

DES ÉCOLES ITALIENNE, HOLLANDAISE, FLAMANDE

FRANÇAISE ET ANGLAISE

ET DE

QUELQUES LIVRES A FIGURES

CONDITIONS DE LA VENTE

Elle sera faite au comptant.

Les acquéreurs paieront en sus des adjudications cinq centimes par franc applicables aux frais.

CATALOGUE

D'UN BEAU CHOIX

DE

DESSINS ET D'ESTAMPES

Par les Maîtres

DES ÉCOLES ITALIENNE, HOLLANDAISE, FLAMANDE

FRANÇAISE ET ANGLAISE

ET DE

QUELQUES LIVRES A FIGURES

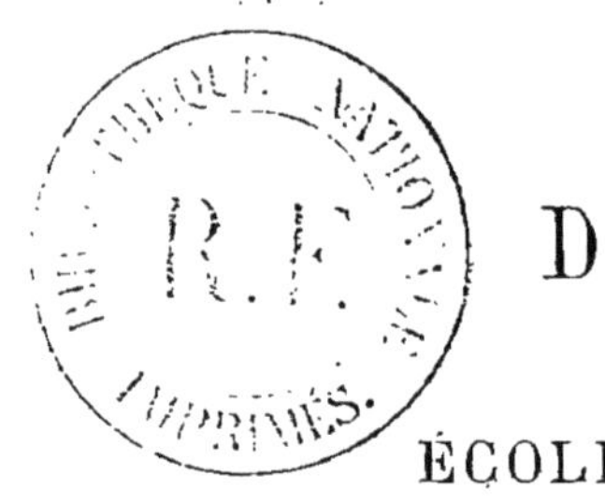

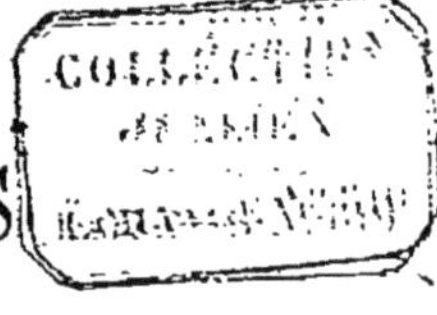

DESSINS

ÉCOLE ITALIENNE.

1 **Abbate** (NICOLO DEL). Danaé avec les Amours. Dessin capital.

2 **Albane** (FRANCESCO). Adam et Ève. Dessin à la plume et au bistre.

3 **Barrocio** (FREDERICO). L'Adoration des Mages. Dessin à la plume et au bistre.

4 **Brandi** (HYACINTHE). Orphée aux enfers. Bon dessin.

5 **Buonarotti** (MICHEL-ANGE). Tombeau des Médicis. Beau dessin à la plume et au bistre.

6 — Tête de Chimère. Superbe dessin à la plume.

7 **Canaletti** (ANTONIO). Une fontaine et une forteresse. Joli dessin à la plume.

8 **Cangiage.** Quinte-Curce. Très-bon dessin à la plume et au bistre.

9 — Saint Jérôme. Dessin à la plume.

10 — Un cavalier près d'un temple. Dessin à la plume et au bistre.

11 **Cangiage** (LUCA). Groupe de figures. Dessin à la plume et au bistre.

12 **Carrache** (LOUIS). La Vierge, l'Enfant-Jésus et saint François. Joli dessin à la plume et au bistre.

13 **Carrache** (AUGUSTIN). Un aréopage. Bon dessin à la p.ume et au bistre.

14 **Carrache** (ANNIBAL). Saint Roch distribuant des aumónes. Beau dessin à la plume. Il y a la gravure.

15 **Clovio** (GIULIO). Une tête de jeune fille. Charmant dessin à la pierre noire et au pastel.

16 **Corrège** (ANTOINE). Deux Anges sur les nuages. Dessin à la sanguine.

17 — La Justice. Beau dessin à la plume et au bistre.

18 **Donato** (LAZARRI, dit le BRAMANTE). Une fontaine mythologique. Beau dessin à la plume et au bistre.

19 **Giorgion** (le). Saint George devant le Pape. Bon dessin à la plume.

20 **Guerchino** (GIOVANNI-FRANCESCO). Repos en Égypte. Très-joli dessin.

21 — Paysage avec figures. Dessin à la plume et au bistre.

22 **Giuseppe Cavalierre** (dit le JOSÉPIN). Une Nymphe et un Satyre. Très-bon dessin.

23 **Maratte** (CARLE). Saint Louis et la France rendant grâces à la Vierge. Beau dessin à la plume et au bistre.

24. **Munari** (PELLEGRINO, dit ARÉTUSI). Une Offrande. Très-bon dessin.

25 **Passaroti**. Très-belle étude à la plume.

26 **Peruzzi** (BALTHASAR). Beau dessin d'architecture et d'ornementation.

27 **Caravage** (POLIDORE de). Une femme qui se jette dans un fleuve. Dessin à la plume.

28 **Reni** (GUIDO). La Vierge, l'Enfant-Jésus et saint Jérôme. Très-bon dessin à la sanguine.

29 — Un Ange tenant une palme.

30 **Rosa** (SALVATOR). Un guerrier romain qui défend un pont. Beau dessin à la plume et au bistre.

31 **Sacchi** (ANDREA). Michel-Ange montrant à Léon X une statuette. Dessin à la plume et au bistre.

32 **Salviati** (FRANCESCO). Deux beaux dessins sur la même feuille. A la plume et au bistre.

33 **Schidone** (BARTHOLOMEO). L'Education de l'Amour. Bon dessin à la plume et au bistre.

33 bis. **Scorza** (SINIBALDO). Une métairie italienne. Très-bon dessin à la plume.

34 **Tiepolo** (DOM.). Deux compositions. Très-bons dessins à la plume et au bistre.

35 — Deux dessins. Etudes de Satyres à la plume et au bistre.

36 **Tiepolo** (GIOVANNI-BAT.). Un enlèvement. Bon dessin à la plume et au bistre.

37 — Deux dessins. Etudes de Satyres.

38 — Vénus et Adonis. Dessin à la plume et au bistre.

39 — Deux déesses sur des nuages. Dessin à la plume et au bistre.

40 **Tisi** (Benvenuto). Le Père Eternel bénissant la Vierge. Charmant dessin à la plume et au bistre.

41 **Titiano.** Paysage historique. Dessin signé, à la plume, avec l'année 1544.

42 — Etude de rochers. Dessin à la plume.

43 — Le prophète Élie. Grand et beau dessin à la plume et au bistre.

44 — Une Saturnale. Bon dessin.

45 **Vaga** (Perino del). Des femmes dans un temple païen. Très-bon dessin à la plume et au bistre.

46 **Vanni** (Francesco). Sainte Véronique avec la tête du Sauveur. Beau dessin.

47 **Vasari** (Giorgio). L'étude. Dessin à la plume et au bistre.

48 — Morceau d'ornementation.

49 — Un pape donnant sa bénédiction à des esclaves romains.

50 **Véronèse** (Paolo Cagliari). Les Noces de Cana. Beau dessin à la plume et à l'aquarelle.

51 **Zampieri** (Domenico). Martyre de sainte Agnès. Très-belle composition. Beau dessin à la plume et au bistre.

52 **Zuccaro** (Frederico). Le Christ à la colonne. Très-bon dessin.

53 **Zuccaro** (Taddeo). Le pape donnant sa bénédiction. Dessin à la plume et au bistre.

ÉCOLE FLAMANDE.

54 **Brekelekamp**. Une femme endormie. Jolie étude à la pierre noire.

55 **Breughel** (J. DE VELOURS). Beau dessin représentant un canal avec des barques.

56 **Dewitt** (FRANÇOIS). Madeleine pénitente. Très-bon dessin.

57 **Dow** (GÉRARD). Une femme qui touche du piano Très-joli dessin.

58 **Van Dyck** (ANTOINE). Un Christ en croix. Très-joli dessin.

59 — Première pensée de son tableau. Lord Pembroke et sa famille. Très-beau croquis de maître.

60 — Portrait d'homme, à la sanguine. Il a été gravé.

61 **Fitt** (JEAN). Nature morte. Joli dessin à la plume et lavé à l'encre de Chine.

62 **Hobbema**. Beau dessin. Très-joli paysage avec figures et animaux. Effet merveilleux de lumière; largement lavé à l'encre de Chine.

63 **Jordaens** (JACQUES). La Verge, l'Enfant-Jésus et saint Joseph. Bon dessin.

64 **Van der Meulen** (ANT.-FRANÇOIS). Un Cavalier. Dessin à la sanguine.

65 **Van der Neer**. Grand paysage à la pierre noire, rehaussé de blanc.

66 **Ostade** (ADRIEN VAN). Une tête de paysan. Joli dessin à la sanguine.

67 **Ostade** (Isaac Van). Le Charlatan. Beau dessin à
la plume, lavé d'encre de Chine.

68 **Rubens** (P.-Paul). Son portrait. Beau dessin.
Très-terminé.

69 -- La ville d'Anvers suppliant Philippe II. Dessin
gravé.

70 **Saftleven** (Cornelius). Un cavalier assis. Joli
dessin.

71 **Téniers** (David). Des paysans dansant en rond.
Dessin à la plume, lavé à l'aquarelle.

72 **Wynants** (Jean). Le pont de bois. Joli paysage.
Très-beau dessin.

ÉCOLE HOLLANDAISE.

73 **Backuysen** (Louis). Marine. Un vaisseau de
ligne et des barques. Très-beau dessin.

74 **Berghem** (Nicolas). Un pont, des vaches et des
moutons dans l'eau. Très-joli dessin à la sanguine.

75 — Un paysan conduisant des ânes. Dessin à la
sanguine.

76 — Croquis d'animaux. Joli dessin à la sanguine.

77 **Boresum** (Van). Vue des bords du Rhin. Joli
dessin.

78 **Both** (Jean). Paysage en hauteur, Très-beau
dessin.

79 — Paysage avec figures. Très-bon dessin. Il a été
gravé.

80 **Both** (André). Vue maritime, Joli dessin à la
plume et signé.

81. **Craesbeck** (Joseph Van). Une servante et son enfant. Joli dessin à la pierre noire.

82 **Cuyp** (Albert). Cavalier assis. Très-joli dessin.

83 — Bateaux de pêcheurs et animaux. Très-beau dessin.

84 — Animaux près d'une mare. Joli paysage avec figures. Charmant dessin.

85 **Dewitt** (Jacques). L'Hiver. Dessin au bistre.

86 **Dujardin** (Karel). Chasse au faucon. Superbe dessin.

87 **Dusart** (Corneille). Paysan et paysanne à la porte d'une maison. Très-beau dessin à l'aquarelle, sur vélin.

88 **Everdinghen** (Van). Sapins dans les montagnes de Suède. Très-bon dessin.

89 **Heyden** (Van der). Château hollandais entouré d'eau. Ravissant dessin.

90 **Hondekœter** (Melchior). Etudes d'oiseaux. Bon dessin colorié.

91 **Huysum** (J. Van). Paysage historique avec figures, signé.

92 — **Koning** (Jacques). Vue de Hollande. Joli dessin.

93 **Kough** (A.-V.-D.). L'intérieur d'une ferme. Très-beau dessin lavé à l'encre de Chine.

94 **Laar** (Pierre de). La Conversation des paysans. Joli dessin.

95 **Ommeganck**. Un Berger et des moutons près d'une rivière. Très-joli dessin à l'encre de Chine.

96 **Potter** (Paul). Vaches et taureaux couchés. Dessin à la pierre noire.

97 **Rademaker.** Un canal. Vue de Hollande. Très-
beau dessin lavé à l'encre de Chine.

98 **Rembrandt** (Paul). Tobie et l'ange. Dessin à la
plume et au bistre.

99 — Dessin à la plume et au bistre.

100 **Ruysdaël** (Jacques). Joli paysage; dans le fond,
une église. Dessin à la pierre noire et à l'encre de
Chine.

101 — Charmant paysage avec figures. Très-beau dessin à la pierre noire.

102 **Stry** (Van). Vaches et moutons. Bon dessin à la
pierre noire.

103 **Van Uden** (Lucas). Vue de Hollande. Joli dessin.

104 — **Ulft** (Van der). Une colonnade. Dessin avec
figures. Signé.

105 **Vandevelde** (Adrien). Deux têtes de moutons.
Superbe dessin. Il est signé.

106 **Vandevelde** (Guillaume). Coup de vent. Très-
jolie marine. Beau dessin à l'aquarelle.

107 **Vlieger** (Simon). Des pêcheurs sur la plage.
Beau dessin.

108 **Verschuring** (H.). Une marche d'armée. Très-
beau dessin. Signé.

109 **Weeninx** (Jean). Ruines d'Italie. Charmant
dessin. Signé.

110 **Wouvermans** (Philippe). Trois cavaliers à la
chasse, avec des chiens. Très-joli dessin.

111 — Des cavaliers et des paysans. Charmant dessin
à la plume et à l'encre de Chine.

112 **Wouvermans** (PIERRE). L'Hiver: Chevaux et cavaliers sur la glace. Très joli dessin à l'encre de Chine.

ÉCOLE ESPAGNOLE.

113 **Murillo** (ESTEBAN). La Vierge entourée d'anges. Dessin à la plume et à l'encre de Chine.

113 bis. — La Vierge et l'Enfant-Jésus ; paysage. Dessin à la pierre noire, avec quelques touches d'aquarelle.

114 **Vélasquez.** Un cavalier espagnol. Dessin à la pierre noire.

ÉCOLE FRANÇAISE.

115 **Bouchardon.** Une Nymphe et une biche. Dessin à la sanguine.

116 — Études à la sanguine.

117 — Bellone. Dessin à la sanguine.

118 — Vase mortuaire. Dessin à la sanguine.

119 **Boucher** (FRANÇOIS). L'Été. Composition à la pierre noire.

120 — L'Amour piqué par une abeille. Dessin à la pierre noire, rehaussé de blanc.

121 — Un pont de bois. Dessin à la plume.

122 — Une Nymphe assise. Dessin à la sanguine.

123 **Bourguignon**. Bataille. Joli dessin à la sanguine.

124 **Chardin**. La Leçon. Charmant dessin à la plume et au bistre.

125 **Cousin** (JEAN). La barque de la Mort. Beau dessin à la sanguine.

126 **Gellée** (CLAUDE, dit le LORRAIN). Un Arc-de-Triomphe. Beau dessin à la plume et au bistre.

127 — Un port de mer. Charmant dessin à la plume et au bistre.

128 — Temple sur un lac. Joli dessin à la plume et au bistre.

129 **Géricault**. Vue de la mare de Poissy. Beau dessin à l'encre de Chine et à l'aquarelle.

130 **Gillot**. Une petite mascarade. Joli dessin à la sanguine.

131 **Greuze** (J.-B.). Étude de mains de jeune fille. Très-beau dessin à la sanguine.

132 **Lancret**. Un homme couché. Charmant dessin à la sanguine.

133 **Poussin** (NICOLAS). Sainte-Famille. Beau dessin à la plume sur papier bleu.

134 — Paysage avec trois figures sur le premier plan. Dessin à la plume.

135 — Vénus et Adonis. Beau dessin à la plume et au bistre.

136 — Pont de Marne. Beau dessin à la plume et au bistre.

137 **Poussin** (GASPARD). Une cascade en Italie; paysage. Dessin à la pierre noire, sur papier bleu.

138 **Prud'hon** (P.-PAUL). Esquisse du portrait du marquis de Sommariva. Dessin à la pierre noire.

139 **Raoux** (JEAN). Une jeune femme et son enfant. Très-jolie étude.

140 **Robert** (HUBERT). Un aqueduc. Dessin à la sanguine.

141 — Une maison italienne. Dessin à la sanguine.

142 — Temple et paysage. Dessin à la sanguine.

143 — Une grille de parc. Dessin à la sanguine.

144 — **Watteau**. Paysage d'après nature. Dessin à la sanguine.

145 — Une jeune femme assise. Dessin à la sanguine.

146 — Une Passade. Charmant dessin à la sanguine.

147 — Une Bohémienne. Dessin à la sanguine.

148 — Une étude d'homme. Dessin à la sanguine.

ESTAMPES

149 **Aliamet**. La Philosophie endormie, d'après Greuze. Belle épreuve.

150 **Audran** (G.). Pyrrhus. — Narcisse. — Sainte-Famille.—La Samaritaine, etc. 5 pièces, d'après N. Poussin; grav. par Audran, J. Pesne, Stella, etc.

151 **Beauvarlet**. Télémaque dans l'île de Calypso. —Le Retour du bal.— Chasse au tigre.—La Musique, etc. 7 pièces, d'après Boucher, Raoux, Schenau, Courtin, etc.

152 **Bosse** (Ab.). Différents sujets et costumes dessinés et gravés par ce maître. 7 pièces.

153 **Cochin** (C. N.). Dumont le Romain, peintre du roi; Caffieri, sculpteur; Laurent Cars, graveur, etc. 7 portraits.

154 **De Launay** (N.). L'Escarpolette, belle épreuve. — Le Verrou. — Le Contrat. 3 pièces, d'après Fragonard, par Blot et De Launay.

155 **Dequevauviller**. L'Assemblée au salon. Charmante composition gravée d'après Lawrence.

156 **Drevet** (P.). Hélène Lambert. — Catherine Mi-
gnard. — Antoine Coypel et Hyacinthe Rigaud.
4 portraits gravés par Drevet, Daullé et Duchange.

157 **Drevet** (Cl.). Henry Oswald, cardinal d'Auver-
gne. — Desportes (François), par Joullain. — Fré-
déric II, par Cunégo. 3 pièces.

158 **Duclos**. Le Bal paré. Charmante composition,
d'après le dessin d'Aug. Saint-Aubin. Très-belle
épreuve, avec grande marge.

159 **Earlom** (Richard). Calypso au bain, d'ap. Van
Dyck. Belle épreuve.

160 **Edelinck** (G.). Portrait de Remi Du Lauri,
d'ap. J. Van Oost. Ancienne épreuve.

161 **Goudt** (le comte de). Jupiter et Mercure chez
Philémon et Baucis, d'après Elsheimer. Très-belle
épreuve.

162 **Le Bas** (J.-Ph.). Vue d'Amiens. — xie vue de
Flandre. 2 pièces, d'après D. Téniers. Très-belles
épreuves.

163 **Lepautre** (J.). Ornements divers : Plafonds. —
Vases. — Frises. — Bénétiers, etc. 92 pièces.

164 **Masson** (Ant.). Jésus à table avec deux de ses
disciples dans le château d'Emmaüs, d'après Philippe de Champagne. Ancienne épreuve.

165 **Mécou**. Portrait en pied de Napoléon Ier et de
Marie-Louise, d'ap. J. Isabey. 2 pièces.

166 — Portraits de Napoléon Ier, de Marie-Louise et
de la reine Hortense, bustes dessinés et gravés par
Mécou, Pradier, etc. 4 pièces.

167 **Perelle.** Paysages, vues de Flandre, etc. 41 p.

168 **Picart** (Bernard). Sujets divers, dessinés et gravés par ce maître. 10 pièces.

169 **Porporati.** La Petite fille au chien, d'après
Greuze. Belle épreuve.

170 **Rochard.** Bélisaire, d'après F. Gérard. 2 épr.
l'une des deux est avec la lettre grise.

171 **Silvestre** (Israël). Vues de Paris et des environs.
40 pièces. Sera divisé.

172 **Suyderhoef** (J.). Les quatre Bourguemestres,
d'ap. Keyser. Ancienne épreuve.

173 **Vischer** (Corn.). La Vierge aux Anges, d'après
Rubens. Belle épreuve.

174 — Les Violoneurs.—Le Marchand de mort-aux-
rats. — La Bohémienne. 3 pièces, d'après Ostade
et C. Vischer. Cette dernière est avant le nom de
Clément de Jonghc.

175 **Watteau** (Ant.). Les Entretiens badins. —
Joueuse de guitare, par B. Audran. — Acis et
Galathée, par Caylus. — Le Bal champêtre, par
Couché. 4 pièces.

176 — Les Baigneuses.—Catin. —Les Délassements
de la guerre. — L'Abreuvoir. — Le Travail. 5 p.,
par Aliamet, Liotard, Jacob, etc.

177 — La Rêveuse. — Les Agréments de l'été. —Le
Conteur.—La Leçon de danse. 4 pièces, par Aveline, Favanes, Cochin, etc.

178 — L'Été.—Les Occupations selon l'âge. 2 pièces,
par Dupuy et Dubos.

179 — La Collation. — Le Rendez-vous de chasse.
2 pièces, par Obert et Moyreau.

180 — 4 pièces gravées par Thomassin, Scottin, etc.

181 — Arlequin amoureux, gravé par Thomassin.

182 — L'Indiscret.—Le Sommeil dangereux. 2 pièces, par Obert et Liotard.

183 — L'Amour au Théâtre-Italien, gravé par Cochin.

184 — Les Agréments de Cythère.—La Conversation. 2 pièces, par Moyreau et Surugue.

185 — La Cascade, gravée par G. Scottin.

186 — Le Camp et le défilé de troupes. 4 pièces, par Moyreau, Cochin, etc.

187 — L'Accord parfait.—Arlequin jaloux. 2 pièces, par Baron et Chedel.

188 — L'Amour paisible, gravé par Baron.

189 — Le Passe-temps, par B. Audran.

190 — La Gamme d'amour, gravée par J.-B. Le Bas.

191 — Retour de chasse, par B. Audran.

192 — Le Bosquet de Bacchus, par C.-N. Cochin.

193 — Enlèvement d'Europe, gravé par Aveline.

194 — Les Champs-Élysées, gravés par Tardieu. Très-belle épreuve, toute marge.

195 — La Famille, par P. Aveline. Belle épreuve, avec marge.

196 — Fête vénitienne, par Laurent Cars. Très-belle ép.

197 — Watteau et son ami Marin Marais, gravé par Tardieu. Très-belle épreuve, grande marge.

198 — L'Enseigne de Gersaint, gravée par Aveline. Très-belle épreuve.

199 — L'Embarquement pour Cythère, gravé par Tardieu. Très-belle épreuve, toute marge.

200 — Costumes, dessins, gravés par et d'après Watteau. 9 pièces.

201 — Mezzetin.—Le Rendez-vous. 2 pièces, gravées
par B. Audran.

202 — L'Age heureux, par Tardieu.—Repos du sol-
dat.—Plusieurs costumes chinois, gravés par Boucher, etc. 12 pièces.

203 — Le Marchand d'orviétan, par Moyreau.—La
Cause badine, id.—Les Enfants de Momus, id.—
Les Quatre Saisons, écrans, par Huquier. 12 p.

204 — 17 pièces gravées d'après les dessins de ce
maître, par Boucher, Caylus, etc.

205 **Witdoue** (H.). Jésus chez Simon le pharisien,
d'après P.-P. Rubens. Belle épreuve.

ÉCOLE ANGLAISE.

206 **Reynolds** (Joshua). Portraits de James Harris
et de John Hutchinson, gravés par James et Caroline Watson. 2 pièces.

207 — Portraits de John Lee et de la duchesse de
Bedford, d'ap. Reynolds et John Hoppner.

208 — S. A. R. le duc d'Orléans, en pied, près de son
cheval. Beau portrait gravé par Smith.

209 — Le comte de Pembrook, gravé par Dixon.
Épreuve avant la lettre.

210 — Allegro, et Jeune fille tenant un oiseau. 2 p.
gravées par Smith.

211 — Lieutenant-colonel Tarleton, portrait en pied,
gravé par Smith.

212 — Portraits de lady Talbot, de miss Green-
wood, etc. 3 pièces, gravées par Green et Watson.

213 — Portrait de James Lifford, chancelier d'Ir-
lande, gravé par Donkartow.

214 — Lord Camden, gravé par James Basire, en
1766.

215 — Frédérick Howard, comte de Carlisle.— L'Es-
pérance, gravés par Facius et J. Spilsbury.

216 — La Contemplation, et Dame avec son enfant.
2 pièces, gravées par Grozer et Th. Watson.

217 — Lady Élisabeth Lee, gravée par Watson.

218 — Le Cte Ugolin et sa famille. Pièce avant la lettre.

219 — Lady Smith et ses enfants. — Caroline, duchesse de Marlborough et son fils. — Bacchus
enfant.—Saint Michel terrassant le Démon. 4 p.
gravées par Bartolozzi, Smith, etc.

220 — Richard Robinson, évêque de Kildare. — Sir
W. Chambers. — Le duc de Bedford, etc. 4 p.

221 **Lawrence** (S[r] Th). Portrait de lord Th. Lyne-
doch, en pied, gravé par Hodgetts.

222 — W. Curtis, gravé par W. Say.

223 — Lord W. Auckland, gravé par Dickinson.

224 — Lord W. Ellenborough, gravé par Robert
Sievier.

225 — L'Heureux moment et l'Amusement champêtre, 2 pièces gravées par Bromley et Samuel
Cousins.

226 — Sir W. Coke, comte de Norfolk, et sir Ch.
Grey, gravés par Collyer et C. Turner.

227 — Le lieutenant-général Ch. W. Stewart, gravé
par Henri Meyer.

228 — Lady Harriet Clive, gravée par S. Cousins.
Épreuve avant la lettre.

229 — Henriette, comtesse de Rochester, gravée
par Th. Watson.

230 **Hoppuer.** William Pitt et William Windham,
gravés par Georges Clint et W. Reynolds.

---

231 **Estampes diverses**, par et d'après Raphaël,
le Titien, Jules Romain, Berghem, Rembrandt,
Paul Potter, Callot, Leclerc, Lepautre, André
Desportes, Eisen, Woollett; estampes gothi-
ques, etc. 151 pièces.
Cet article sera divisé.

LIVRES A FIGURES

EUROPEAN SCENERY.

232 — La France, 1 volume in-4º.
L'Allemagne, id. id.
L'Italie, id. id.
La Sicile, id. id.
La Suisse, 2 volumes in-4º.
L'Écosse, id. id.
La Suisse, par Beattie, 2 vol. in-4º.
L'Inde, par Elliot, 1 vol. in-4º.
Le Rhin, par Tomblesons, 1 vol. in-4º.
Cet article sera divisé

233 Les Œuvres complètes de J.-J. Rousseau, avec
les figures dessinées par J.-M. Moreau le jeune,
et gravés par De Launay, Le Mire, Simonet, Saint-
Aubin, etc.; 8 vol. in-4º brochés.

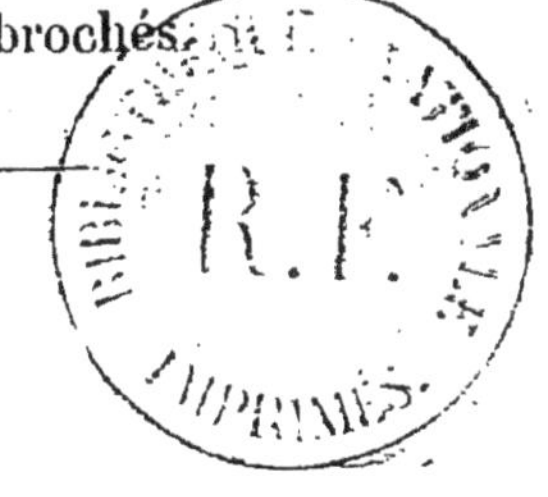

Renou et Maulde, imprimeurs de la Compagnie des Commissaires-Priseurs,
rue de Rivoli, 144.   [488]